LA RÉVOLUTION

ET

LA FRANCE

EN 1831.

ALAIS,
DE L'IMPRIMERIE DE J. MARTIN,
GRAND'RUE.

LA RÉVOLUTION

ET

LA FRANCE.

~~~~~~

1. CE QUE VEUT LA FRANCE.

La France veut l'Ordre, la Liberté, la Gloire.

Quel est le gouvernement le plus propre à nous assurer ce triple bien ? Telle est aujourd'hui la seule discussion politique qui soit possible. En effet, on a assez travaillé depuis quarante ans à enlever au pouvoir ses illusions et ses prestiges, à le dépouiller de tout préjugé, de toute autorité morale et personnelle; la légitimité est une idée que la foule ne comprend plus, et les débats des partis se résolvent en une question d'utilité.

Cette disposition des esprits est-elle un bien ou un mal? N'importe, elle existe, et force est de l'accepter ; c'est avec elle qu'il faut traiter et nous ne la déclinons pas.

Trois grands partis divisent la France, partis vivaces parce qu'ils reposent sur des idées plutôt que sur des noms : les Royalistes, les Républicains, les Bonapartistes. — Ces partis ont pris racine dans le monde en s'appuyant sur des principes qui leur sont propres. Les Royalistes croient que l'ordre est le principe générateur des sociétés, que lui seul peut assurer sans péril et sans secousses l'indépendance et l'honneur ; les Républicains se ruent vers la liberté ; la gloire militaire est l'idole des Bonapartistes.

Voilà les trois armées qui se livrent sur le champ de bataille de la France des combats acharnés ; nous avons fait la part de leurs prétentions et de leur tendance ; examinons les résultats.

Chacun de ces partis a successivement régné pendant une période à peu-près égale. Les Républicains de 89 à 1800 ; les Bonapartistes du 18 brumaire à 1814 ; les Royalistes jusqu'en 1830. Maintenant demandons-le à tout homme de bonne foi, quelle est de ces trois époques celle où il aurait voulu placer sa vie ?

Les Républicains ont le plus mal rempli leur tâche. La Révolution a commencé par cette harangue d'un tribun : « Nous sommes ici par la volonté du peuple ; » nous n'en sortirons que par la force des baïonnettes. » Elle a fini par ce cri sauvage d'un soldat : (1) « Au nom » du général Bonaparte le corps législatif est dissous, » que les bons citoyens se retirent ! » Cherchez entre le jeu de paume et l'orangerie de St-Cloud ; que trouve-t-on ? le crime du 21 janvier, les proscriptions du 31 mai et du 18 fructidor, les massacres de la terreur et la police du directoire ; mais de liberté, — Point. La révolution a perdu son procès devant le pays ; elle a réussi a rendre synonimes République et Tyrannie. Elle est morte et jugée ; dans cette France oublieuse, son spectre épouvante encore après plus de trente années.

---

(1) Le général Leclerc.

Au moins les Bonapartistes ont-ils de meilleurs souvenirs : Austerlitz, Jena, Wagram ; Napoléon debout au sommet de sa colonne de bronze ! — Voilà leurs trophées et certes, ils sont grands !

Remarquons seulement deux choses : la gloire sied à ravir sur le front d'un peuple ; mais ce n'est qu'un ornement. Vous n'avez qu'elle à offrir pour indemniser du bonheur : la France ne peut se livrer à vous.

Et puis n'y a-t-il que de la gloire sur vos drapeaux ? Faut-il vous rappeler, en rougissant et le front baissé, le 31 mars 1814, le 18 juin 1815, et les femmes de Paris voyant pour la première fois la fumée d'un camp ennemi ? Immenses humiliations qui vous appartiennent en propre et que l'inexorable histoire vous contraindra à porter ; elle a déjà prononcé : « Napoléon avait attiré les étrangers avec son épée ; » Louis XVIII les écarta avec son sceptre. » (1)

Voilà donc la Révolution et l'Empire ! leurs promesses n'ont été que d'affligeantes déceptions. L'une annonçait la liberté ; elle a produit la plus effroyable servitude qui fut jamais. L'autre donnait tout à la gloire ; il a fini par deux invasions.

La France a dû passer outre.

2. DE LA RESTAURATION.

Est survenue la Restauration : événement deux fois inévitable, et qui résolvait un immense problème : l'Europe était délivrée de Napoléon ; la France échap-

---

(1) Chateaubriand.

pait au démembrement et à la guerre civile ; elle restait française sous des Rois de son sang. A ces biens s'en joignait un autre : Louis XVIII avait donné la Charte.

Ainsi point de fourches caudines ; la nation gardait son honneur, et rentrait en possession de l'ordre et de la liberté !

Pendant 15 ans l'ordre public fut constamment maintenu ; une grande prospérité matérielle en fut le résultat ; les opérations commerciales prirent d'énormes développemens ; les fonds publics qui étaient à 45 fr. le 1.er avril 1814, s'élevèrent à 110 fr. On n'allait point chaque matin épier dans les journaux le réveil de la guerre civile ou de la guerre étrangère. La paix au dehors ; le calme au dedans : Ce rêve de M. Perrier, la restauration en jouissait dans une sécurité complète.

Qui a mis fin à tout cela ? *Les théories politiques* (1) contre lesquelles on déclame tant aujourd'hui. C'est à faire pitié de voir avec quel mépris on voudrait traiter les spéculations des Publicistes, lorsque soi-même on en a vécu si long-temps.

Les divers gouvernemens de la Restauration voulaient la liberté. M. de Villèle est le premier qui se soit réellement résigné à l'indépendance de la presse ; il ne faut point oublier que le début de son ministère fut le retrait du projet de loi présenté par M. de Serre, lequel établissait la censure jusqu'en 1826. Et le malheureux Charles X, quel fut son cri d'avènement ? Plus de censure ; et c'est une loi proposée et sanc-

(1) Expressions fréquentes dans les discours ministériels.

tionnée par lui qui l'a radicalement extirpée de notre législation. Il faut le dire, il n'y avait point là haine de la pensée et de la parole, ainsi qu'on l'a voulu faire croire ; et si le long ministère de 1822 avait presque renoncé à la fin à ces généreuses idées qui le portèrent au pouvoir ; si la domination de M. de Villèle était devenue imprévoyante, vivant au jour le jour, dédaignant la jeunesse et ce besoin d'activité qui la dévore, se brouillant pour ainsi dire avec le caractère entreprenant de la Nation, et réduisant l'art de gouverner à la gestion d'une maison de banque, c'est qu'aussi on avait été acculé sur ce mauvais terrein, par une foule d'attaques injustes et déloyales, d'ambitions déçues et d'intérêts hostiles. L'administration se vit comme chassée sur une fausse route par la funeste tactique de l'opposition qui, partie à dessein, partie à son insçu, tendait à rendre aux Bourbons tout gouvernement impossible. (1)

Si l'on veut juger le Royalisme, ce n'est pas là qu'il faut le chercher. Voyez-le plutôt au jour de son triomphe, alors qu'ayant le champ libre, il pouvait édifier en paix, sans être incessamment obligé de se défendre et de disputer le terrain pied à pied. Examinez avec impartialité ce 1815 tant calomnié ; voyez dans le cœur de tous ces hommes de province, cette haine de la centralisation, ce désir de rendre aux localités le mouvement et la vie ; ce projet de constituer une aristocratie forte et généreuse, protectrice et libérale ; et d'établir franchement le trône sur la base indestructible des volontés et des intérêts de tous. Après une

(1) Aveux du National.

révolution populaire, nous en sommes à regretter la loi électorale dont M. de Villèle fut le rapporteur (1), et les rédacteurs de la loi municipale de 1831 auront besoin de ranimer leur œuvre sèche et aride, au souvenir de cette guerre impitoyable que fesait le côté droit à la bureaucratie.

Et vous, hommes de talent et de cœur qui accusez aujourd'hui les Royalistes au nom du Catholicisme, rappelez-vous qu'eux-mêmes proclamèrent alors l'indépendance de l'Eglise et firent tous leurs efforts pour l'assurer. (2)

Cause infortunée de la Religion, de la Monarchie, et de la Liberté, vous étiez au moment de toucher au port! Une noble assemblée refléchissant tout ce qu'il y a de bon et de beau dans le cœur humain, adorant le Roi comme les preux de la vieille France, comprenant en citoyens le gouvernement représentatif, la réconciliation des deux âges prête à s'opérer, je ne sais quoi de chevaleresque et de populaire dans toutes les âmes; tel était le spectacle qu'offrait la chambre des députés. Le 5 septembre anéantit toutes ces espérances; il déchaîna un monstre qui l'a dévoré lui-même. Au lieu de chercher à corriger les écarts des Royalistes, si besoin en était, on les repoussa, on les poursuivit; on appela d'autres ouvriers à la vigne du père de famille, et la restauration avorta avec la loi électorale du 5 février 1817.

Il est pour les hommes comme pour les peuples,

(1) Le cens électoral devait être de 50 fr.
(2) Propositions de MM. de Castelbajac et Cardonnel.

des occasions uniques où ils sont susceptibles de plus grandes choses. Ces occasions une fois perdues ne se retrouvent plus dans la vie des hommes ; mais la vie des nations est plus longue, elles peuvent retrouver leur jeunesse.

Après tout l'histoire le dira : ce sont les Bourbons qui ont présidé à l'éducation constitutionnelle de la France ; les premiers ils ont affermi une tribune sur ce sol dévorant, et si plus tard ils ont tiré l'épée contre elle, c'est qu'ils se sont crus dans le cas de la légitime défense. La gauche n'était pas satisfaite des concessions de M. de Martignac ; elle exigeait davantage et paraissait en mesure de l'arracher ; c'est elle qui de sang froid donna le premier coup à ce ministère. (1) La royauté ne pouvait rien accorder au-delà ; elle voulut rompre ; on sait le reste. (2)

(1) Dislocation de la loi départementale ; 55 boules noires contre le budget.

(2) La lutte s'est engagée non pas sur le maintien ou le renversement absolu de la forme constitutionnelle ; mais sur la manière dont il fallait interpréter l'article 14 de la Charte octroyée. La Charte octroyée sans l'article 14 eût été une absurdité. Le fondateur de la Charte avait dit et dû dire : « Je veux faire une concession, mais non pas telle » que cette concession puisse me détruire moi et les miens ; » en conséquence, si l'expérience m'apprend que j'ai trop » accordé je me réserve la faculté de réviser ma consti- » tution, et c'est là ce que j'exprime par l'article 14. » Cela était parfaitement logique. Ceux qui avaient voulu la légitimité et la restauration devaient vouloir jusqu'au bout, avec M. Royer-Collard, que le roi ne pût pas rendre son

Ainsi ce n'est point à la monarchie constitutionnelle que Charles X jeta le gant au mois de juillet; c'est à la monarchie républicaine qui apparaissait menaçante, et qui se vante aujourd'hui d'avoir si long-temps combattu sous le masque.

Justifiée aux yeux de la vraie liberté, la restauration ne craint pas le jugement de l'honneur national. La vieille race de Saint Louis reçut dans ses bras la France épuisée et sanglante; elle vient de la quitter forte et victorieuse. Le jour où les Bourbons sont rentrés, l'armée anglaise était à Paris; bientôt après le drapeau blanc flottait à Cadix et à la Casauba, en dépit de l'Angleterre.

La restauration a fait trois guerres, toutes les trois entreprises au nom de la morale et de l'humanité: au Trocadéro, elle a délivré un roi; à Navarin elle a sauvé un peuple; à Alger elle a vengé les vieux affronts de la chrétienté et du commerce européen; trois fois elle a vaincu pour la civilisation. En arborant son étendart sur la terre d'Afrique, elle semblait appeler ce monde barbare à de hautes destinées, et conquérir une autre Amérique; elle est tombée sur un laurier.

épée; ils devaient vouloir les ordonnances de juillet comme le va-tout de la légitimité, la partie désespérée qui pouvait la sauver ou la perdre sans retour. Qu'eussent-ils fait autre chose? un nouvel essai de ministère métis? l'expérience avait été faite sous M. de Martignac. (*National du 19 avril 1831.*)

3. DE LA RÉVOLUTION DE JUILLET ET DU 7 AOUT.

Que nous a-t-on donné à la place? la royauté élective du 7 août. On a cru que l'on pouvait sur la vieille terre de France élever un trône nouveau, sans racines dans le passé, et qu'au milieu des orages, seul et par la force de son droit, il se maintiendrait debout. On n'a pas vu que toutes les fois qu'on était sorti de la maison paternelle, des gouvernements aventuriers avaient eu besoin d'appuis extraordinaires et qui pourtant s'étaient vite brisés : l'échafaud de la Convention ou le sabre de Bonaparte.

Les législateurs du mois d'août avaient oublié ces éloquentes paroles de Vergniaud : « Nous qui sommes
» venus à la fin d'une société, nous nous sommes
» épris de nos œuvres en voyant derrière nous des
» ruines, mais nous n'avons rien bâti. Les amans de
» Pénélope n'ont pas été trompés plus amèrement que
» ceux de la liberté. L'intelligence humaine a des
» nuits profondes qui détruisent l'ouvrage de ses
» jours. Tant qu'un siècle léguera au siècle qui le suit
» une page de l'histoire, une tradition, un monu-
» ment, une pierre, il ne sera pas permis de cons-
» truire un édifice entièrement nouveau. Pour les sociétés
» humaines comme pour l'homme qui a vu beaucoup
» d'années, il n'y a rien de nouveau que la mort. Les
» Péliades qui égorgèrent leur vieux père pour le
» rajeunir, étaient d'habiles républicaines ; elles sa-
» vaient le secret des révolutions. A la naissance d'un
» peuple, le sacrifice d'un homme peut quelque chose ;

» mais quand le peuple a vieilli, le gouffre de Curtius
» ne se referme que sur le peuple tout entier. »

Il est une grande vérité que l'on n'a pas aperçu au 7 août et qui pourtant domine toute notre histoire depuis quarante ans ; c'est qu'au fond il n'y a que deux partis en France. En effet, sous un point de vue plus général encore que celui où nous nous étions d'abord placés, les Bonapartistes et les Républicains ne forment qu'un seul camp en opposition aux Royalistes ; c'est le camp révolutionnaire. Aussi n'y a-t-il jamais eu que deux drapeaux, le drapeau blanc et le drapeau tricolore.

L'évènement du 7 août n'a pu enfanter un parti. On a créé une tente commune, une ambulance sur une route militaire, que sont venus visiter tour-à-tour des soldats de toutes les armées ; déjà la plupart ont pris leur congé et ne reviendront plus. Beaucoup avaient cru échapper à la révolution en se ralliant au juste milieu ; grave erreur ! Ils se trouvent en pleine révolution. L'établissement actuel n'est qu'une des phases, un des faits de la révolution ; ce n'est pas un principe à part ; la quasi légitimité n'est qu'un vain mot.

Ainsi quiconque n'est pas légitimiste est révolutionnaire et doit se condamner à toutes les chances, à toute la responsabilité de ce nom. (1)

(1) Pour nous le parti de la révolution date de 89, comme le parti de la restauration date de l'ancien régime.........
Le parti de la révolution a conservé de la reconnaissance pour les Girondins, *pour le Comité du Salut Public*, pour les grands capitaines du Directoire, pour Bonaparte consul et Bonaparte empereur, en tant que défenseurs héréditaires du sol et du principe de la souveraineté nationale. Le parti de la révolution a succombé en 1814 par le fait de

La logique n'est possible que dans l'un ou l'autre de ces deux ordres d'idées et, on le sait, la logique mène la trahison ; il a subi les Bourbons, mais il ne les a pas acceptés. Vaincu de nouveau en 1815, et forcé d'abandonner pour la seconde fois la France aux Bourbons, il a protesté autant qu'il était en lui contre la nécessité ; pendant les 15 années de la restauration, il a protesté par des complots infructueux, mais dont le mauvais succès a été payé de son sang, et qui n'ont cessé d'inspirer à la France une vive sympathie ; il a protesté dans les livres, dans les journaux, à la tribune même par la bouche de Manuel. La révolution de juillet qui chassait les Bourbons restaurés, devait être la victoire du parti de la révolution, et la défaite du parti de l'ancien régime ou de la restauration.— Le parti de la révolution ne répudie aucun de ses antécédens ; tout ce qui a été fait pour repousser les coalitions étrangères, *que ce soit crime ou gloire, il l'accepte, il en a profité, et d'ailleurs essaya-t-il de distinguer entre les moyens qui ont tous concouru au même but de mettre de côté le mal et s'attribuer seulement le bien ; il ne le pourrait pas, l'histoire serait là pour le démentir. Le parti de la révolution est un dans ses transformations successives* ; il a donc droit de qualifier son adversaire comme il se qualifie. Quinze années de restauration ont beaucoup mêlé les deux camps, nous le savons, et la révolution de juillet n'a pas rétabli complétement la séparation primitive ; il a fallu un temps assez long pour que les intérêts amis et ennemis parvinssent à se reconnaître, et tout le mal de la situation actuelle, ses embarras, ses indécisions, sa langueur viennent de ce qu'il y a mélange et non réconciliation des deux partis. On ne sortira de là que quand nous saurons tous et verrons clairement à qui nous avons à faire. » (*National* du 19 avril 1831.) Voilà qui est nettement tracé : deux Frances irréconciliables, chacune avec sa généalogie, et il y a nécessité de choisir. Tout l'avenir est dans cette vérité bien comprise.

le monde bon gré, mal gré. C'est la logique révolutionnaire qui a brisé le ministère Guizot, dissous la chambre de 1830; c'est elle qui ébranle Casimir Perrier, renversera l'hérédité de la Pairie, et nous conduira sans relâche à l'extrémité de toutes ses conséquences.

En effet, les Intérêts ne sont pas du Mouvement; n'importe, le Mouvement triomphe; les Intérêts céderont et toujours. Pourquoi? C'est qu'ils ont cédé une première fois au 7 août. Ils se sont laissés arracher un principe, et dès lors le sceptre a passé en d'autres mains; on a quitté un monde pour entrer dans un autre.

Expliquons nous: les Intérêts (et sous cette dénomination nous comprenons tous les hommes qui ne veulent pas que le sol tremble sous leurs pas) auraient désiré Henri V avec le ministère Mortemart et Perrier; c'eut été le beau idéal de l'aristocratie doctrinaire. On avait le pouvoir et tous les honneurs de la justice. L'adresse de 1830 ne recevait pas un éclatant démenti. (1) Nulle voix n'eut osé s'élever pour maudire. Les Royalistes étaient enchainés par des liens moraux

(1) Il est digne de la sollicitude de V. M. de mettre un terme aux maux qui affligent le Portugal, sans porter atteinte au principe de la Légitimité qui est inviolable pour les rois non moins que pour les peuples... La raison du peuple exercée par l'expérience lui dit : que c'est surtout en matière d'autorité que l'antiquité de la possession est le plus saint de tous les titres, et que c'est pour son bonheur non moins que pour votre gloire que les siècles ont placé votre trône dans une région inaccessible aux orages. (Adresse votée par les 221.)

qu'ils n'auraient jamais pu rompre ; on confisquait leur talisman.

Tout cela se serait obtenu si les 221 avaient eu foi à leur adresse ; avec de la conviction et de l'énergie, ils auraient proclamé le règne de Henri V et le leur ; ils ne l'ont pas osé, parce qu'ils ne croyaient pas à la Légitimité, à laquelle ils avaient prodigué leurs adorations ; ils ont cédé aux républicains, et le mezzo terminé du 7 août s'est enfanté ; le fait extra légal du 29 juillet a été consommé et avec lui le suicide des 221.

Ce que nous venons d'exposer est si vrai, et l'intérêt des hommes du milieu les condamnait tellement à accepter Henri V, que pas un d'eux ne le dénie. Mais vous diront-ils pour excuse : l'effervescence populaire, les Républicains...! Etrange contradiction! Eh quoi, c'est en vous soumettant que vous avez espéré la victoire, et ne voyez vous pas que ces mêmes ennemis devant lesquels vous avez reculé une fois, vous les retrouverez toujours et partout sur votre chemin. De deux choses l'une, ou vous pouviez les vaincre au 7 août, et alors vous êtes coupables; ou vous ne le pouviez pas, et alors en évitant le combat, vous n'avez fait que retarder la défaite.

Il faudra bientôt se battre avec les Républicains, sans gloire et sans honneur; un an plutôt l'occasion était si belle. « Le coup de canon dont on refuse
» quelquefois d'appuyer une cause juste, tôt ou tard on
» est obligé de le tirer pour une cause déplorable. » (1)

Singulière situation! Le trône de Louis Philippe s'est

---

(1) Chateaubriand.

élevé sur les piques des hommes de Juillet ; ces hommes retirent cet appui, refusent, le serment, vont ailleurs ; et alors que devient le trône, restera-t-il en l'air comme le tombeau de Mahomet ?

On s'est beaucoup amusé aux dépens du droit divin, et on n'a pas voulu voir que la légitimité n'était autre chose que l'hérédité de la couronne, et que cette hérédité était nécessaire à une vieille société, travaillée de mille passions mauvaises, et dont l'institution vitale, la Propriété, est héréditaire. « L'hérédité du trône, dit le Globe, est comme le symbole de toutes les autres hérédités qui forment la constitution actuelle de l'ordre social. » (1) Après l'hérédité de la couronne celle de la Pairie, et croyez-vous que vous puissiez vous arrêter en si beau chemin, et dire lestement avec M. Odilon Barrot : « Pour le reste, c'est question de cour d'assises. » Je crois que non, et derrière toutes vos démolitions s'agite le fantôme de la Loi Agraire qui épouvanta si souvent les républiques de l'antiquité, que Babeuf, réveilla en 97, et que les St. Simoniens cherchent à ressusciter en 1831.

Tout le monde le sent et le dit aujourd'hui ; nous touchons à une dissolution sociale ; tout est confondu ; les rangs sont mêlés, de telle sorte que nul n'est satisfait de sa position, pas même ceux qui sont au faîte ;

(1) Cette observation aurait besoin de plus longs développemens ; nous n'avions que le temps de l'indiquer, et la croyons éminemment vraie. L'exemple des Etats-Unis n'est pas une objection. Rien dans notre état social ne peut se comparer à ce peuple neuf, d'origine anglaise, et pour qui les déserts du nouveau monde s'étendent à volonté.

et pourquoi ? c'est que toutes ces grandeurs matérielles ne sont plus des grandeurs morales ; et que dans ce tourbillon qui nous emporte « aujourd'hui sur le trône et demain dans les fers, » tout est terni, désenchanté, même la splendeur de la couronne et l'éclat de l'infortune. Le spectacle est si mobile qu'on ne fait plus attention à rien ; le clerc qui siffle au parterre et le grand acteur qui est sifflé, sont aussi las de leur rôle l'un que l'autre.

Cette étrange maladie ne désolait pas le moyen âge ; ce besoin de gloire et d'ambition, qui tourmente tous les hommes, était mieux proportionné à chaque classe de la société ; chacun avait un but plus rapproché de lui, sur lequel il fixait les yeux et quand il l'avait atteint, il s'asseyait content. (*otium cum dignitate.*) Le roi des métiers, dans les corporations, était plus heureux et plus fier de sa couronne qu'un roi électif ne l'est aujourd'hui de la sienne, aujourd'hui que les emplois publics ne sont autre chose que des servitudes salariées, et que la liste civile ressemble à une pension alimentaire accordée de mauvaise grâce par des fils recalcitrans.

L'origine de la Monarchie élective nous prédit son avenir ; voyons en attendant quels sont ses actes, et si le pays a lieu d'en être satisfait.

4. DE LA MONARCHIE ÉLECTIVE DANS SES RAPPORTS AVEC L'ORDRE PUBLIC.

On a écrit sur les drapeaux de la Garde nationale ces mots : liberté, ordre public. Mais par cela seul que l'ordre ne venait qu'en seconde ligne, il était

compromis. La devise a été prophétique : Qu'avons-nous vu depuis dix mois? à Paris trois grandes émeutes, sans compter l'apothéose public de Bories, les adorations de la place Vendôme, les promenades des républicains et les batailles hydrauliques de M. Mouton-Lobau. Et ce qu'il y a de remarquable, c'est que le gouvernement sentant sa parenté avec les insurrections, loin d'oser les combattre face à face, s'est presque toujours empressé d'exécuter leurs ordres. Le grave M. Guizot lui-même a cédé; il a sacrifié son opinion à une émeute (1). Louis-Philippe a offert aussi son holocauste; il a brisé, sur les décombres de S.ᵗ-Germain l'Auxerrois, les armes de sa famille; il les a laissées pour trophée à une hideuse populace sortie des égouts de la police. Et pourtant il ne lui restait que ces fleurs de lys pour souvenir de son immortel aïeul Henri IV; dès long-temps il avait jeté le blanc panache d'Ivry.—
Regratter les murs du palais royal et l'écu de Bayard; voilà tout ce que l'on a su faire, au moment où la liberté religieuse semblait près de s'ensevelir sous les ruines de l'archevêché ! Aucun des gouvernans n'a osé tout haut proclamer le crime et en poursuivre sérieusement les auteurs. Quelle servitude !

Ainsi on voulait faire du pouvoir avec la liberté (2),

(1) La seule faute qu'on me reproche est l'adhésion que j'ai donnée à l'art. du moniteur qui, pour calmer les esprits, annonçait que la loi d'abolition de la peine de mort ne serait pas présentée; je me le reproche, parce que cet acte est contraire à ma manière de voir. (Guizot, séance du 9 novembre.)

(2) M. Casimir Perrier, séance du 30 septembre.

et on a vécu sans cesse dans la crainte des émeutes, et on leur a tout immolé.

Ces craintes étaient fondées je l'avoue ; mais à qui la faute ? le fait extra-légal a porté ses fruits ; l'insubordination semble être devenue l'état normal de la société. Pour tout dire enfin, l'armée elle-même n'a-t-elle pas épouvanté la cité par ses désordres ? Qui eut vu dans nos villes du midi, des soldats, le sabre nu, se précipitant comme des furieux sur les citoyens, se serait cru transporté au sein de quelque république militaire, eut cru voir les Spartiates châtiant les Ilotes ! Le gouvernement effrayé envoye ses généraux, ses magistrats rétablir l'ordre à Tarascon ; ils ne sont pas écoutés ; les troupes refusent d'obéir et de renverser l'arbre de sang élevé par des mains fanatiques. — Et voici que la *Révolution* (1) formule paisiblement cette théorie : « Nos petits machiavels du juste milieu n'a-
» vaient pas fait entrer en ligne de compte les progrès
» de l'armée. La leçon de juillet perdue pour eux a
» porté ses fruits ailleurs ; elle a tué l'obéissance passive,
» pour le cas où les bayonnettes seraient dirigées
» contre les citoyens. Deux régimens ont refusé d'obéir
» à leurs chefs qui commandaient le feu. » La loi sur les émeutes vient expirer dans les casernes ; et ne croyez pas qu'il y ait ici humanité, il n'y a que rébellion. Les soldats qui ont tant de respect pour des factieux, ne craignent pas de tremper leurs mains dans le sang le plus pur de la cité.

L'action du pouvoir se trouve ainsi entravée à chaque

(1) Journal parisien.

instant par cette incroyable disposition des esprits. A Lyon et à Quimper des préfets sont destitués. Quel événement pour un peuple qui a vu trois déchéances de rois en trois jours ! Eh bien, la populace s'ameute et éprise d'un ardent amour pour les disgraciés, les redemande à grands cris.

Des croix d'honneur sont distribuées et d'ignobles charivaris viennent fêter les décorés.

Enfin, sans cesse et partout je ne sais quel entraînement pour les tumultes de la place publique. — Des révoltes, en attendant des révolutions !

Il n'est pas même possible d'excuser ces troubles en alléguant l'ébranlement inévitable après tout changement de dynastie. Ce n'est pas le fait du changement qui produit ces désordres ; c'est le gouvernement établi qui donne des faits analogues à son principe. Le passé n'est ici pour rien ; c'est l'avenir qui approche. Après 1815, il y eut aussi quelques agitations dans le département du Gard ; mais passé le 12 novembre, c'est-à-dire cinq mois après Waterloo, tout était fini. Aujourd'hui, à onze mois des trois journées, nous semblons aux préludes de la tempête. Il était dans l'essence de la Restauration de rétablir la paix et de la laisser après elle. Juillet est l'ère des orages.

5. LA MONARCHIE ÉLECTIVE ET LA LIBERTÉ.

La liberté est si bien la fille de l'ordre qu'on ne peut troubler la paix, sans porter atteinte à l'indépendance du citoyen. La tyrannie démocratique est mille fois plus odieuse, mille fois plus puissante que celle d'un Despote. L'homme libre peut résister, avec courage, avec intrépidité, au maître qui ne doit punir que lui; mais que fera-t-il devant un peuple furieux qui, s'il n'est point obéi, menace de tout confondre dans sa colère, et d'engloutir avec le coupable une foule d'innocens? Je connais des gens d'honneur qui ne trembleraient pas vis-à-vis de l'échafaud, mais qui reculeraient devant les horreurs d'une vengeance populaire et d'un embrasement universel. Jouer sa tête, ce n'est rien; jouer le repos de son pays c'est à faire frissonner.

Voilà pourtant l'odieux spectacle qui nous a été donné lorsque voulant forcer le vénérable archevêque de Paris de concourir à un sacrilège, on parlait autour de lui d'un nouveau 14 février! C'était encore la même terreur qui poussait le Ministère lorsque foulant aux pieds l'art. 5 de la Charte, il entrait dans une église nue et déserte, comme dans une ville prise d'assaut, et protegeait de ses bayonnettes la profanation d'un autel catholique.

Paris n'a pas le privilège de ses malheurs; c'est pis encore dans les départemens : à chaque acte d'opposition légale, toutes les fois qu'un honnête homme reclame hautement justice pour tous, les libéraux de s'écrier par acclamation : « Prenez garde, voilà la guerre civile! ». Qu'est-ce donc que ce terrein inflammable et mouvant sur lequel vous nous avez placés ? la liberté ne peut y croître.

Au surplus ils ont raison : ils ont voulu nous prouver qu'eux aussi avaient leur censure ; ce sont des émeutes. A Toulouse on a vu des presses royalistes brisées, la défense d'un journal interrompue par des cris forcenés, et la Cour d'assises fuyant devant une foule en délire. A Rennes même scandale ; des jurés ont été insultés ; d'ignobles clameurs demandaient une condamnation. Les citoyens Bretons l'ont refusée. Honneur à eux! Mais vous hommes de la révolution, vous qui aviez voué un culte à la liberté de la presse, ne poursuivrez-vous pas de votre indignation d'aussi déplorables attentats ? Que dis-je, votre silence est une lâche approbation.

Voilà ce que fait la foule, et le gouvernement traite-t-il mieux cette liberté qui l'a mis au monde ? on sait la célébrité du nom de M. Persil, les énormes amendes infligées à la Quotidienne, et à la Gazette du midi. Ce n'est point là répression; c'est cette guerre à mort qu'on ne craignit pas d'annoncer publiquement dans le sanctuaire de la justice. Les lois elles-mêmes se sont rendues complices de cette haine ; elles ont fait en 1831 ce qu'elles n'auraient pas osé sous la restauration. Il est de principe en droit criminel qu'il faut deux degrés pour la condamnation. En France, les Cours royales sont d'abord appelées à statuer sur l'accusation ; le jugement est remis aux jurés. En Angleterre ces formes conservatrices sont encore plus respectées. *Le grand Jury* composé des hautes notabilités du comté, décide s'il y a lieu à suivre ; *le petit Jury*, considéré comme beaucoup moins important, prononce le verdict définitif. M. Merilhou a traité tout cela beaucoup plus lestement; il a demandé par une loi que le tribunal d'accusation fut supprimé, et la chambre des députés a octroyé au ministère public le droit de faire citer directement devant la Cour d'assises tous les délits de la presse. M. Persil dans son amour pour les écrivains a voulu qu'il n'y eût pas de barrière entre eux et lui. Ce renversement de tous les principes a porté ses fruits ; demandez-le aux journaux de l'opposition.

Les violations de la charte se pressent sous notre plume; maudissons encore une fois ces visites domiciliaires opérées en même temps, dans toute la France, non pas chez des prévenus, mais chez des *suspects* ; flétrissons ces agens du pouvoir qui dans leur rage d'inquisition ont osé briser le cachet des testamens, et déchirer des bandages pour fouiller dans des plaies sanglantes. Il faut le dire, jamais on ne s'est joué plus effrontément de tous les droits de l'homme ; et le nom de *Montalivet* en sera éternellement célèbre.

L'on a vu cependant quelque chose de plus surprenant encore. Un homme qui porte la simarre de d'Aguesseau est venu justifier à la tribune ces Saturnales du pouvoir ; il a dit que le foyer du citoyen n'avait été violé que par tendresse pour lui ; qu'on n'en avait agi ainsi que par bonté d'âme pour les conspirateurs et pour les empêcher d'aller à la guillotine, en prévenant leurs complots. Pesez ces paroles ; elles renferment tout le système du St.-Office.

Redirai-je toutes les disgraces de la liberté individuelle ? dénoncerai-je à l'opinion ces détentions provisoires dont abuse le Parquet ? M. de Conny est resté 65 jours à la conciergerie, sans qu'un soupçon s'élevât contre lui. Hélas de pareils exemples se renouvellent sous nos yeux et bien plus déchirans encore, puisqu'ils frappent sur des malheureux que la prison réduit à la misère, eux et leurs familles. On retarde à dessein le jour du jugement, et quand il arrive enfin, ce n'est pas aux juges de la Charte, à leurs juges naturels qu'on les renvoie. Non! en vertu de je ne sais quel article du code impérial, on les arrache au tribunal de leurs compatriotes; on les envoye dans une contrée lointaine, chez des hommes qui n'ont rien de commun avec eux, qui ne comprennent ni leur langage ni leur mœurs, qui sentent un autre sang couler dans leurs veines. Ainsi l'institution du jury est faussée; l'accusé ne voit plus ses pairs sur le banc des accusés ; il n'y a pour lui que des étrangers. Affreux abus de la centralisation dans les lois criminelles que nos aïeux n'auraient pu comprendre, que notre fierté méridionale doit repousser avec indignation. Qui donc peut avoir aujourd'hui le droit de déclarer nos départemens en état de *suspicion légitime*, et de nous traiter en peuple conquis?

Oui, c'est là le vrai mot de notre situation ; nous sommes les Irlandais de la France. Quel est celui de nos concitoyens (de quelle religion n'importe) qui n'ait encore en horreur le spectacle odieux de la liberté des cultes violée à Nismes! qui ne s'est indigné à la vue de ces soldats entourant les croix, ornemens de nos places publiques, et là faisant un grand vide, un désert, au mépris de la vie des hommes.... Car le sang a coulé, il a coulé afin que quelques ouvriers étrangers pussent renverser en paix l'image du Sauveur du monde.

C'est encore de Paris qu'est venu cet ordre tyrannique.

Les commis de la capitale ont conçu le sacrilège ; les commis de province l'ont fait exécuter. Le citoyen vaut mieux ; ce n'est pas lui qui dans l'administration de la justice établirait de coupables distinctions, et arracherait aux chétiens de nos jours ces plaintes du temps de Dioclétien : « Poursuivis tous les jours devant les tribunaux, et ne pouvant y poursuivre personne, nous tremblons menacés de quelque grande iniquité sociale : le refus de justice est le point où l'homme se trouve le plus éloigné de Dieu. » (1)

Montesquieu a dit : « On peut lever des tributs plus forts à proportion de la liberté des sujets, et l'on est forcé de les modérer à mesure que la servitude augmente. »

Après tant de vexations arbitraires, nous devions nous attendre au moins aux douceurs du gouvernement à bon marché ; le budget de 1831 s'élève à 1500 millions, et M. le Bon Louis a prononcé à la tribune ces incroyables paroles : « La France est toujours en état de payer ses dettes : mais à qui doit elle s'adresser pour cela ? à ceux qui lui doivent ou à ceux qui ne lui doivent pas ; il est évident que c'est à ceux qui lui doivent, ET LES CONTRIBUABLES DOIVENT TOUJOURS ». (Séance du 8 avril.)

Qu'on y regarde de près; ce sont toujours là ces vieilles théories de la souveraineté du peuple qui font le citoyen *taillable et corvéable à merci* ; c'est ce système qui a renouvelé les levées en masse, véritable confis-

---

(1) Chateaubriand.

cation de chair humaine, sous le nom anodin de *corps détachés de la garde nationale*. C'est lui enfin qui s'est exprimé naïvement par la bouche de M. Odilon Barrot, quand il a averti les Français de tenir prêts leur dernier enfant et leur dernier écu.

Oui c'est bien là le régime de la Convention; nous avons reconnu son style; mais au moins ces indomptables républicains fesaient trembler l'Europe comme la France. Dans le naufrage universel de tous les élémens sociaux, la gloire militaire dominait comme un phare, et c'est à ses lueurs que la patrie s'est sauvée. Qu'a fait la révolution de juillet de l'homme national?

6. LA MONARCHIE ÉLECTIVE ET L'HONNEUR NATIONAL.

C'est ici surtout que les reproches doivent être amers! La lettre d'avénement adressée à l'Empereur de Russie fut un programme de mauvais augure; un patriote de juillet ne l'eût pas signée.

Trois grands événemens européens ont éclaté depuis la révolution parisienne: les insurrections de Belgique, de Pologne et d'Italie.

Saisissons cette occasion d'expliquer à cet égard la pensée des royalistes; ils croient profondément au principe de la *Nationalité*. A leurs yeux l'asservissement d'un peuple par un autre, n'est que l'abus de la force; c'est la conquête; et il est vrai de dire qu'il est aussi pour les nations une légitimité imprescriptible. Si donc il n'y a eu en Belgique, en Pologne, en Italie, que des idées belges, polonaises, italiennes ; si la Providence rappelle à la vie, des nations catholiques languissantes, nous applaudirons.

Les malheurs de ces peuples ont été une éclatante confirmation de nos doctrines ; qu'ils reviennent aux principes conservateurs des sociétés ; il n'y aura que bonheur et orgueil pour nous.

L'unité monarchique manquait à Bruxelles : la Belgique fut tour-à-tour la proie et le jouet des étrangers ; et les inconcevables difficultés qu'elle éprouve aujourd'hui à enfanter un roi, témoignent qu'il y a autre chose que de la superstition dans notre respect pour les vieilles tiges royales.

La monarchie héréditaire ne put se fonder à Varsovie : on sait les malheurs des Polonais. La race des Jagellons en expirant (1572), emporta dans la tombe le bon génie de la Pologne ; et les paroles du poëte (1) trouvent ainsi leur sanction dans l'histoire : « On a vu
» les peuples se personnifier pour ainsi dire dans de
» royales dynasties qui les représentent, se relever
» quand elles se régénèrent, périr quand elles suc-
» combent ; il est des races de Rois, semblables à ces
» Dieux domestiques de l'antiquité qu'on ne pou-
» vait enlever du seuil, sans que le foyer tout entier
» ne fut ravagé ou détruit. »

Les royalistes comprenent mieux que d'autres les infortunes de la Pologne ; ils en connaissent la cause, ils admirent profondément le courage et le patriotisme de ce peuple héroïque ; et ils sont bon juges

(1) Lamartine.

en pareille matière. On n'a pas oublié qu'après la bataille de Waterloo, M. de Sapinaud et les autres chefs de l'armée Vendéenne offrirent au général Lamarque de se joindre à lui, pour repousser les étrangers, s'ils avaient le projet de démembrer la France.

Mais autant les royalistes respectent les efforts vraiment nationaux d'un peuple qui veut recouvrer son indépendance, autant ils ont en horreur les révolutions démocratiques. Si donc ils trouvaient à Varsovie ou à Bruxelles les traces du libéralisme français, leur devoir serait de s'abstenir.

Le gouvernement actuel n'avait pas de pareils scrupules; et cependant qu'a-t-il fait pour les hommes qui se sont levés au bruit du canon de juillet et que peut être l'on avait excités en secret? Il laisse les Polonais se débattre, sous le sabre des Russes; il a envoyé un ambassadeur assister à la soumission d'Ancône; il a déclaré aux Belges qu'il ne les reconnaitrait pas, si leur choix se fixait sur tel souverain. (1) Il adhère aujourd'hui aux protocoles de Londres qui décident les affaires intérieures de la Belgique (2); il veut remettre forcément sous un joug étranger des provinces qui se sont déclarées indépendantes, qui se sont données un gouvernement au même titre que la France s'est donné le sien (3); et s'il est vrai comme on l'assure que le ministère appuye de ses vœux l'intervention armée de l'Angleterre, et ait même promis

(1) Le duc de Leuchtenberg.
(2) La dette de l'ancien royaume des Pays Bas. etc.
(3) Le Luxembourg et le Limbourg.

d'envoyer 30,000 Français pour mettre les Belges à la raison; que cependant il hésite de peur de voir les troupes refuser de s'associer à cette œuvre liberticide, et les volontaires de Bruxelles passer la frontière en criant : Vive la république, oh ! alors il n'y aura plus d'expressions pour caractériser à la fois tant de honte et de faiblesse, tant d'immoralité et d'impuissance. Tout sera surpassé, même le mot déplorable de M. Sebastiani : « quand la France dit qu'elle ne consent pas, elle ne veut pas dire qu'elle empêchera. »

Autrefois cependant les Métaphysiciens du ministère avaient eu la prétention de suivre des principes, et de formuler une doctrine ; ils l'avaient fièrement appelée la *non intervention* et les dupes de s'ébahir en oyant ce grand mot ! Que signifie-t-il aujourd'hui?... Il n'est qu'un moyen de repondre à cette question assez embarrassante, c'est de dire avec M. de Broglie *que le principe du statu quo est précisément le même que celui de la non intervention* ; à quoi M. de Montalembert ajoutait que le noble duc *avait un talent tout particulier pour amalgamer des choses inamalgable*. Helas ! il est à tout cela une explication plus claire, c'est que M. Casimir Perrier veut la paix et la veut à tout prix. Le timide refus du duc de Nemours, et l'élection du prince de Saxe Cobourg, qui fait le dédaigneux et exige des conditions; l'influence française remplacée par la domination anglaise, ce double événement, dit tout ; et il n'est qu'une chose qui puisse encore étonner, c'est que l'on ait osé à cette occasion prononcer le nom de Louis XIV (1). Ecoutons M. de

---

(1) Réponse de Louis-Philipe aux députés Belges.

Chateaubriand (1) : « Il n'en est pas d'une nation comme
» d'un homme : la modération dans la fortune et l'a-
» mour du repos qui peuvent convenir à un citoyen
» ne meneront pas bien loin un état. Sans doute il ne
» faut jamais faire une guerre impie ; il ne faut jamais
» acheter la gloire au prix d'une injustice ; mais ne
» savoir pas profiter de sa position pour honorer,
» agrandir, fortifier sa patrie, c'est plutôt *dans un*
» *roi* un défaut de génie, qu'un sentiment de vertu. »

Il est un reproche qu'il ne nous appartient pas de relever, mais que la logique révolutionnaire proclamera pour nous, c'est que si le trône de Louis Philippe devait être en Europe une ère nouvelle, il a déjà manqué à sa mission. S'il était un prince au monde que la S.te Aliance eut choisi à la place des Nassau, c'était bien Saxe Cobourg ; les Belges se resigneraient à le prendre, et notre ministère en serait enchanté. C'est comme une restauration qui s'essaye à nos portes.

Concluons : la Gloire est la seule illusion qui puisse aveugler la France sur ses véritables intérêts ; cette fois la révolution a oublié de placer le bandeau : elle a eu tort. Avec cette attitude pâle et languissante, en évitant soigneusement les chocs et les secousses, on peut bien vivre quelque temps ; mais le principe de l'existence est frappé à mort ; il n'y a plus ni mouvement ni chaleur ; un jour vient où le poulx ne bat plus, et tout est fini.

(1) Itineraire de Paris à Jérusalem.

7. QUE LES ROYALISTES DOIVENT SE RENDRE AUX COLLÉGES ÉLECTORAUX ET SURTOUT AUX ASSEMBLÉES MUNICIPALES ET DÉPARTEMENTALES.

Voilà donc les œuvres du libéralisme ! Hommes de bien prononcez : a-t-il rempli les conditions que demande la patrie ? A-t-il bien mérité de l'ordre public, de la liberté de la gloire nationale ? A-t-il mieux fait que la Restauration ?

Et si détournant les yeux du passé nous interrogeons l'avenir, ah ! c'est alors surtout que nos anxiétés vont s'accroître. De vains motifs d'opposition ne nous font pas élever la voix ; le seul amour du pays nous anime et c'est lui qui nous force à jeter le cri d'alarme. Oui nous devons le dire : les Hommes qui ont fait la révolution sont incapables de nous sauver; les uns ne le veulent pas ; les autres n'en ont pas la force. Frêle demeure batie sur le penchant de l'abime, la Monarchie du 7 août ne pourra résister long-temps aux orages. C'est dès lors un devoir pour nous de songer à un autre asile ; nous ne voulons l'imposer violemment à personne ; nous ne chercherons pas même à le rendre nécessaire ; mais nous l'indiquerons à la France si un jour elle en a besoin.

La position des royalistes est donc nettement tracée; la conservation de l'ordre des choses actuel n'est pas leur affaire ; repousser l'anarchie et pourvoir à l'ordre public ; c'est la seule mission qu'ils acceptent ; mais aussi cette mission leur parait impérieuse, sacrée ; ils s'empresseront de la remplir. Les colléges électoraux vont être ouverts; nul obstacle ne peut nous en fermer l'entrée. Nous nous souviendrons des principes qui ont enfanté la constitution, et qui conséquemment doivent dominer la loi elle même. Ces principes réprouvent le serment électoral.

C'est ce que nous croyons avoir démontré ailleurs : « Les mandataires, disions-nous, n'ont d'autre droits que ceux de leurs commettans. La Chambre des Députés, en exerçant la souveraineté au nom du Peuple Français, a proclamé par cela même que le corps électoral, d'où elle émane, renferme la partie active de la nation ; c'est donc là seulement que l'on peut et que l'on doit, dans la situation actuelle des choses, chercher l'expression de la volonté générale.

Or, cette volonté générale ne peut être constatée et légitimement constituée qu'après la manifestation indépendante de toutes les opinions particulières. L'opinion de chaque électeur devient alors inviolable et sacrée, comme fraction élémentaire de l'opinion nationale. Chaque suffrage a le droit de se produire librement; ce droit est absolu par essence; prétendre lui donner des règles ou des limites, c'est l'anéantir.

Les assemblées électorales ne doivent donc plus être assujéties, par un serment, à une forme de gouvernement donné ; elles occupent aujourd'hui la place des assemblées primaires, véritable nécessité du moment. Toutes les opinions y sont licites; c'est un territoire neutre où la minorité, loin d'être criminelle, a mission de se montrer et de faire constater son existence;

admise au concours, elle peut même, hautement, exprimer l'espérance de devenir majorité, et tout ce qu'il est permis de lui demander, tant que ce jour n'est pas arrivé, c'est soumission au présent, et non pas abdication pour l'avenir. » (1)

Je crois fermement à la rigueur logique de ces principes ; je dois y conformer ma conduite. Electeur, investi comme tel d'une portion de la souveraineté, je n'ai à rendre compte à personne de l'exercice de cette prérogative, qui dans l'ordre constitutionnel est la source de toutes les autres. Je n'ai point engagé ma foi envers le pouvoir du jour, mais je suis Français et comme tel j'ai des devoirs et des droits. Nul ne peut me condamner à l'Ilotisme et je ne veux pas m'y condamner moi-même. Je n'abandonnerai pas ma patrie dans la crise où elle est jetée ; je ne me crois pas en conscience le droit de déserter le poste où Dieu m'a placé et de deshériter mon pays du vote d'un honnête homme. J'irai donc au collége électoral pour y donner ma voix au Français que je jugerai le plus capable de contribuer au bonheur, à l'intérêt et à la gloire du peuple Français, et je déclare qu'en prêtant le serment imposé, je ne crois pas contracter d'autres obligations. (2)

(1) Pétition adressée à la Chambre des Députés à la suite d'une protestation faite au collége électoral d'Alais au mois d'octobre dernier. Le serment n'était pas alors exigé par une disposition *législative* ; je demandai que les électeurs fussent dispensés de le prêter. Depuis la loi du 19 avril, la question a changé de face.

(2) Cette conviction résulte pour moi de la lettre même de

Ces raisonnemens s'appliquent de même au serment des Electeurs municipaux ; ce sont toujours des droits qui appartiennent essentiellement aux citoyens, et que la loi n'a pas le droit de restreindre dans tel ou tel sens, puisque la constitution les reconnait antérieurs à elle même. (1)

Mandataires du peuple et n'acceptant que la mission de servir ses intérêts, les royalistes qui siégeront dans les conseils municipaux et départementaux, comme à la chambre des députés, pourront répondre au gouvernement comme ce Soldat Franc à un Empereur romain : « Tu ne m'as pas donné le pouvoir, tu ne me le peux ôter ; je ne te dois rien ; j'appartiens tout entier à ceux qui m'ont envoyé ici. »

Les argumens de quelques journaux royalistes ne

la Constitution. M. Persil avait proposé par amendement d'ajouter à la déclaration du 7 août, ces mots : « La souveraineté appartient à la nation ; ELLE EST INALIENABLE ET IMPRESCRIPTIBLE. » M. le Président de la chambre des députés fit observer que cette disposition se trouve *implicitement* comprise dans le second paragraphe du préambule : « ce serait blesser la dignité nationale que de paraître octroyer aux Français des droits qui leur appartient essentiellement. »

(1) Disons encore, et afin de ne laisser aucun doute sur cette question, que le serment électoral est essentiellement limité au fait de l'élection ; cela est si vrai qu'on en demande un nouveau à chaque assemblée des colléges électoraux, ce qui prouve évidemment qu'un premier serment loin d'obliger pour toute la vie, n'existe plus l'élection consommée ; il en est de même, au reste, pour toutes les fonctions publiques.

nous ont pas convaincu, et nous avons été heureux de voir la *Gazette du midi* et les *Mélanges occitaniques*, véritables organes de nos contrées, rester inébranlables dans leur opinion qui est aussi la nôtre.

On doit prêter le serment dans le sens de celui qui le demande, dit la *Quotidienne*. D'abord il faudrait savoir si celui qui le demande a le droit de l'exiger; mais passons. — Au nom de qui la loi demande-t-elle le serment? Au nom de la constitution, sans doute. Eh bien! c'est précisément dans le véritable sens de la constitution que nous prêterons le serment.

Je ne conçois pas davantage l'influence que peut avoir sur l'opinion de la *Gazette de France*, un article du *Moniteur*, ou un arrêt de la cour d'assises. D'où vient cette révérence obséquieuse pour l'avis d'un écrivain ministériel? Pourquoi nous mettre à sa merci? Sachons avoir notre pensée haute et libre; gardons la telle envers et contre tous.

Que prouvera de plus le verdict des jurés de Paris? qu'il y a douze hommes dans cette ville qui interprètent le serment de telle façon; demain peut être douze autres Parisiens l'interpréteront différemment, et d'ailleurs il y a en France 86 cours d'assises; les jurés de Nismes ou de Montpellier ne s'inquiéteront pas de la décisions de leurs collègues et jugeront dans un autre sens. Des opinions essentiellement variables ne peuvent servir de règle.

Remarquons après tout que l'interprétation du serment est une question de conscience. La liberté d'examen est ici de droit strict. Vous me direz qu'il faut jurer dans un sens ; mais je crois que je dois jurer dans un autre et je suis indomptable. Par où pourrez vous arriver jusqu'à ma pensée. *Nemo potest cogi ad factum* ; à plus forte raison ne peut-on forcer un homme à avoir telle conviction plutôt que telle autre.

Reste un dernier reproche dont nous aurions le droit de repousser même le soupçon. Non! ce n'est point ici une scène de cette comédie de quinze ans que nos adversaires viennent d'avouer publiquement. Pour nous, le masque peserait trop sur notre visage; nous ne l'avons jamais porté ; et certes en parlant de la sorte, en mettant à nu notre pensée, nous disons bien à tous : voilà qui nous sommes.

Il a fallu s'appesantir sur cette question ; nous avions vu avec trop de douleur les dissentimens qu'elle a excités dans les rangs royalistes. Eh! quoi! N'est-ce pas assez de tant de misères ? Faut-il encore qu'une entière communauté de sentimens ne nous unisse plus? et cependant un parti n'est fort que lorsqu'il agit comme un seul homme. Mais, nous dit *la Gazette*, c'est à cause de ces divisions qu'il faut s'abstenir ; je crois que c'est précisément à cause de ces divisions que tous devraient aller aux colléges électoraux. Les royalistes qui y ont déjà paru ne peuvent revenir sur leurs pas; si donc vous ne voulez pas qu'il y ait deux camps parmi vous, allez les joindre : ne commençons pas dès aujourd'hui des classifications pour l'avenir ; je conçois qu'il puisse y avoir une satisfaction personnelle plus grande à s'abstenir ; mais une fois la conscience sauve (et elle l'est), l'intérêt de la cause doit passer avant tout; et tel qui n'a pas prêté le serment dans son intérêt personnel, devra le prêter dans l'intérêt général.

Posons donc cette autre question : le salut de la cause exige-t-il que les Royalistes aillent aux élections? Il n'y a nul doute. Si vous n'avez à la tribune quelques grandes voix qui fassent entendre à la France et à l'Europe vos plaintes et vos vœux, on vous oubliera. Le discours de M. le duc de Fitz-James a été plus utile aux royalistes que bien des refus de serment. — Je ne parle pas de l'héroïque comte de Kergorlay. Celui-là a rempli son œuvre. Honneur et vénération à ce grand homme de bien! mais tous ne sont pas dans la position où il s'est trouvé; à chacun sa tâche et son devoir.

Il est, surtout pour les royalistes de province, un intérêt pressant, impérieux; c'est d'aller aux assemblées municipales et départementales. *La Gazette de France* s'étonne qu'une poignée d'hommes armés jette l'effroi dans les villes du midi, où l'immense majorité de la population est amie de l'ordre; elle demande des renseignemens qui lui expliquent ce phénomène. L'explication la voici : c'est que les royalistes ne sont pas représentés dans les conseils municipaux et la garde nationale. Le seul obstacle qui puisse les en empêcher, c'est encore le serment, et quand vous ne voulez pas qu'ils élisent des députés, ne les engagez-vous pas, par cela même, à ne pas élire les corps municipaux? C'est donc le suicide que vous nous conseillez; et certes, nous ne marcherons pas tous le front levé dans nos villes, (1)

(1). M. Berryer.

si les uns sont des esclaves et les autres des rois.

Cette question est vitale dans le midi, où toutes les grandes cités sont excellentes : Marseille, Aix, Avignon, Montpellier, Toulouse. — Je prends un exemple plus précis dans ce département; les principales villes du Gard sont : Nismes, Alais, Beaucaire, Uzès, et l'opinion royaliste y est dominante. O mes concitoyens, nous livrerons-nous, pieds et poings liés, aux hommes du mouvement? serons-nous les serfs de ces nouveaux seigneurs? cela ne se peut. Une nouvelle ère commence pour nous; n'attendons rien du pouvoir central; tant qu'il sera dominé par les idées du jour et la tyrannie de la capitale, il ne peut y avoir sympathie entre nous et lui. Le salut ne peut venir du dehors, il faut que nous l'obtenions nous-même; et nous nous rendrions responsables de toutes les calamités qu'entraînerait notre abandon de la chose publique.

Les Royalistes n'émigrent pas; ce fait est immense et il ne faut pas en frapper les conséquences de stérilité. Quel est celui d'entre eux qui ne sent la nécessité de réaliser, autour de lui, toute l'influence dont il peut jouir? Assez long-temps nous nous sommes épuisés en stériles efforts contre la centralisation; voici le moment de la combattre et de la terrasser. Allons aux élections municipales et départementales, entrons dans la garde nationale; là surtout notre présence est indispensable. Barricadons-nous dans nos cités, et, défendus par de telles forteresses, nous serons à l'abri de la tyrannie parisienne.

Dans ce temps de désordre, de désorganisation et de

recomposition sociale, il faut que chaque ville se donne à elle-même sa destinée. L'affranchissement des communes est à refaire; mettons dans nos efforts le courage, la persévérance des bourgeois du moyen âge, et nous sommes sauvés. Puisse l'histoire du passé devenir celle de l'avenir ! « Les habitans des villes que le mou-
» vement d'indépendance avait gagnés, (1) se réunis-
» saient dans la grande église ou sur la place du marché,
» et là prêtaient sur les choses saintes le serment de
» se soutenir les uns les autres, de ne point permettre
» que qui ce fut, fît tort à l'un d'entre eux, on le
» traitait désormais en serf. C'était ce serment ou cette
» *conjuration*, comme s'expriment les anciennes chro-
» niques, qui donnait naissance à la commune.......
» Dans le midi de la Gaule, où les anciennes villes
» romaines subsistaient en plus grand nombre, et où
» plus éloignées du foyer des invasions et de la domi-
» nation germanique, elles avaient mieux conservé
» leur population et leurs richesses, ces tentatives d'af-
» franchissement furent plus heureuses. Ces villes furent
» les seules qui atteignirent au complément de cette
» existence républicaine qui était en quelque sorte
» l'idéal auquel aspiraient alors toutes les communes. »
Il ne faut pas se le dissimuler, un semblable mouvement agite et entraîne aujourd'hui les populations méridionales. Le libre développement des institutions municipales et départementales doit amener les mêmes résultats. Il faudra bientôt que l'administration marche dans le sens de la majorité de chaque pays. Les conseils

(1) Lettres sur l'histoire de France par Thierry.

communaux et généraux ayant un budget à voter, et dirigeant de fait et de droit la garde nationale, se trouveront investis d'un pouvoir immense; ils auront dans leurs mains les impôts et l'armée de la localité. Comment un préfet pourrait-il résister à leur impulsion? un refus de subsides le mettrait à la raison, ou le forcerait à la retraite; l'histoire des 221 va se renouveler sur mille points du territoire. Royalistes, voilà le levier qui est dans vos mains; souvenez-vous que la commune de Paris fit trembler la convention; soyez les maîtres dans vos communes, et vous pourrez lui résister, si elle osait renaître.

Ce grand travail que nous signalons comme la condition indispensable de notre délivrance, n'est pas seulement une garantie pour le présent; c'est encore l'espoir de l'avenir, la première pierre d'un nouvel édifice. La Restauration pour les vrais royalistes, ce n'est pas seulement le retour de leur roi légitime, c'est encore et surtout la régénération de l'ordre social. Qui n'a vu que le trône des deux derniers Bourbons fut toujours chancelant faute d'appuis nécessaires? si nous voulons avoir un monument solide, il faut le refaire par la base. Cette base première, nous l'avons; c'est la famille, et j'ose dire que les vieilles mœurs, les vieilles traditions des catholiques et des royalistes sont surtout favorables à cette institution naturelle et vitale. Organisons ensuite la commune avec ses franchises propres, son esprit d'association. Que le clergé soit libre à l'autel, afin qu'il devienne un auxiliaire puissant pour les bonnes doctrines; car de nos jours, il n'y a pas puissance là où il n'y a pas indépendance. Affranchissons l'enseignement et n'en ayons nulle crainte ; cette innovation est la moins dangereuse de toutes ; nul ne voudra de gaîté de cœur, donner à ses enfans une éducation impie ; les corporations religieuses protégées par la liberté et se reconciliant avec elle, élevant les enfans pour l'amour de Dieu et du prochain, ne craindront pas la concurrence de la fiscale Université. Que sur toutes les questions communales et départementales, les hommes de la commune et du département soient exclusivement appelés à prononcer ; que l'intendant de la province soit comme autrefois un petit personnage auprès de *Nosseigneurs des États*. Une fois la lice ouverte sur ce terrein, l'influence arrivera naturellement, aux plus honorables, aux plus désintéressés, et les familles royalistes de toutes les classes sont assurées de l'avenir; une monarchie ne pourra jamais en France se passer de leurs concours. Que la vie commune recommence ; les intérêts généraux sont aujourd'hui pour tous des intérêts personnels ; que les grands propriétaires résident dans leurs terres, et rattachent à eux, par mille liens moraux, les populations des campagnes ; *que le plus utile soit le plus noble*, et qu'il n'y ait pas d'autres distinctions. C'est ainsi seulement que vous créerez une hiérarchie sociale, forte et naturelle, appuyée sur les intérêts populaires et dès-lors inébranlable. Cette œuvre peut être lente, nous l'avouons, mais elle est plus facile qu'on ne le pense et surtout elle est sûre. Que chacun ramène l'ordre autour de soi, et bientôt l'ordre sera partout. Ah ! c'est alors, quand la patrie régénérée serait une noble et vaste association d'intérêts, et non plus un amas d'opinions individuelles ; c'est alors que la royauté de mille ans nous semblerait un digne couronnement de l'édifice : chêne majestueux, souvent frappé de la foudre, mais dont les rameaux rajeunis protégeraient la grande famille assise sous leur ombre.

Travaillons donc autour de nous ; les grandes révolutions, ces secousses subites qui bouleversent les empires n'appartiennent pas à l'homme ; elles sont dans la main de Dieu. Le soldat combat dans la mêlée, sans connaître le plan général de la bataille ; imitons-le, le ciel fera le reste.

Rappelons-nous surtout que depuis quarante ans le monde a fait un grand pas. Les moyens d'influence sont aujourd'hui changés. La presse, l'opposition légale sont des choses nouvelles dans nos rangs ; n'importe, ce sont de bonnes armes, des armes meurtrières ; acceptons-les et ne les laissons pas dans les mains de nos adversaires. Ne suivons pas l'exemple de Roland qui, au dire du poëte, jeta dans la mer la première arquebuse qu'on venait de fabriquer, et qui ne voulut combattre qu'avec l'épée de ses ayeux. Nous sommes des *Jacobites*, il est vrai ; mais Jacobites d'un nouvel âge, nous avons autre chose à rêver que la revanche de Culloden. Pour qu'une restauration soit réelle, il faut avant tout qu'elle soit faite dans les esprits ; laissons le libéralisme se dévorer lui-même ; et quand la France revenue de ses fatales illusions appelera des guides et des libérateurs, sachons que notre heure est venue et soyons prêts.

Si la Providence avait décrété que notre cause dut

périr pour le salut du pays, nous nous resignerions en silence et ne pleurerions pas sur nous-mêmes; les honneurs de ce monde ont perdu leur prestige, et l'on y renonce sans effort. Plus digne est notre Foi. Le culte que nous avons voué dans notre cœur à Henri de Béarn, n'est que le symbole de notre attachement à la Patrie; le petit-fils de Louis XIV est un principe, et pour nous, ce principe c'est la Fortune de la France.

Alais, 25 juin 1831.

R. DE LARCY.

www.ingramcontent.com/pod-product-compliance
Lightning Source LLC
Chambersburg PA
CBHW062011070426
42451CB00008BA/632